Nas invisíveis asas da poesia

# NAS INVISÍVEIS ASAS DA POESIA

# JOHN KEATS

Tradução
Alberto Marsicano e John Milton

ILUMINURAS

*Copyright © 1998 da tradução*
Alberto Marsicano e John Milton

*Copyright © desta edição*
Editora Iluminuras Ltda.

*Capa e projeto gráfico*
Eder Cardoso / Iluminuras
sobre Xilogravura de John Buckland Wright em *The Collected Sonnets of John Keats*, 1930

*Revisão*
Monika Vibeskaia
Iluminuras

CIP-BRASIL. CATALOGAÇÃO NA PUBLICAÇÃO
SINDICATO NACIONAL DOS EDITORES DE LIVROS, RJ
K33n

    Keats, John, 1795-1821
      Nas invisíveis asas da poesia / John Keats ; tradução Alberto Marsicano, John Milton.
[2. edição] - São Paulo : Iluminuras, 2021.
      96 p. ; 20,5 cm.

    "Textos reunidos"
    Edição Bilíngue
    ISBN 978-655519-075-5

    1. Poesia inglesa. I. Marsicano, Alberto. II. Milton, John. III. Título.

21-68732                     CDD: 821
                            CDU: 82-1(410.1)

2021
EDITORA ILUMINURAS LTDA.
Rua Inácio Pereira da Rocha, 389 - 05432-011 - São Paulo - SP - Brasil
Tel./Fax: 55 11 3031-6161
iluminuras@iluminuras.com.br
www.iluminuras.com.br

# ÍNDICE

*VIDA E OBRA DE JOHN KEATS*, 7
*SOBRE A TRADUÇÃO*, 12

## NAS INVISÍVEIS ASAS DA POESIA

*WRITTEN UPON THE TOP OF BEN NEVIS*, 14
ESCRITO NO CIMO DO BEN NEVIS, 15

*ON THE SEA*, 16
NO MAR, 17

*TO A CAT,* 18
AO GATO, 19

*WOMEN, WINE, AND SNUFF,* 20
MULHERES, VINHO, E RAPÉ, 21

*ON DEATH,* 22
A MORTE, 23

*MEG MERRILIES,* 24
MEG MERRILIES, 25

*ODE ON A GRECIAN URN,* 28
ODE A UM VASO GREGO, 29

*ODE TO A NIGHTINGALE,* 34
ODE A UM ROUXINOL, 35

*TO AUTUMN,* 42
AO OUTONO, 43

*ODE ON MELANCHOLY,* 46
ODE À MELANCOLIA, 47

*ON FIRST LOOKING INTO CHAPMAN'S HOMER,* 50
PRIMEIRA LEITURA DO *HOMERO DE CHAPMAN,* 51

*KEEN, FITFUL GUSTS ARE WHISP'RING HERE AND THERE,* 52
AGUDAS, LUFADAS INTERMITENTES, 53

*ON THE GRASSHOPPER AND CRICKET,* 54
SOBRE O GAFANHOTO E O GRILO, 55

*WRITTEN IN THE COTTAGE WHERE BURNS WAS BORN,* 56
ESCRITO NA CABANA ONDE BURNS NASCEU, 57

*ON VISITING THE TOMB OF BURNS,* 58
VISITANDO A CRIPTA DE BURNS, 59

*ON SITTING DOWN TO READ KING LEAR ONCE AGAIN,* 60
SENTADO, *A RELER O REI LEAR,* 61

*THE EVE OF ST. AGNES,* 62
*VÉSPERA DE STA. AGNES,* 63
*SOBRE OS TRADUTORES,* 96

## VIDA E OBRA DE JOHN KEATS

*John Milton*

John Keats nasceu em 31 de outubro de 1795 no centro de Londres, sendo o mais velho de cinco irmãos. Seu pai, Thomas Keats, gerenciava a cocheira da taberna Swan and Hoop, que pertencia ao seu sogro. Aos sete anos, John começou a estudar em Clarke's School, um internato particular em Enfield ao norte de Londres e que tinha uma política bastante liberal, rara na época. Mais quando John tinha somente oito anos, seu pai caiu do cavalo, fraturou o crânio e morreu. Depois de três meses, sua mãe casou-se de novo, mas logo deixou o novo marido e foi morar com a sua mãe em Edmonton, perto de Enfield. Quando John tinha 14 anos, em março de 1810, a mãe morreu. A avó materna depositou £9.000,00, soma bastante grande na época, em nome dos quatro filhos, confiando a administração do dinheiro a Richard Abbey, mercador de chá na City de Londres. Infelizmente, os quatro filhos sempre encontraram muitas dificuldades para terem acesso ao dinheiro.

Foi também em 1810 que Keats saiu de Clarke's School e começou um estágio de aprendiz de cirurgião que duraria cinco anos. Neste mesmo período, Keats manteve contato com

Charles Cowden Clarke, o diretor e dono de Clarke's School, de quem emprestava livros dos poetas ingleses, e cuja política liberal o influenciou.

Já como aprendiz de cirurgião Keats esboçava seus primeiros versos, muito influenciado pelo poeta inglês do século XVI, Edmund Spenser. No outono de 1815, ao concluir o estágio de aprendiz, registrou-se no Guy's Hospital para começar um treinamento de prática cirúrgica. Entretanto, em virtude do contato frequente com outros poetas e da publicação dos seus primeiros poemas, entre eles "Primeira Leitura do Homero de Chapman" (p. 53), Keats perdeu interesse pela profissão de cirurgião.

Nessa época, Keats começou a participar de um círculo de literatos, entre eles o poeta Leigh Hunt, editor do *The Examiner*, no qual Keats publicou seus primeiros poemas, além dos pintores Benjamin Robert Haydon e Joseph Severn, o crítico literário William Hazlitt, e outro poeta, John Hamilton Reynolds. Através de Hunt, Keats também teve contato pessoal com os grandes poetas românticos, Samuel Coleridge, Percy Bysshe Shelley e William Wordsworth, na época o poeta mais famoso da Inglaterra, então com 47 anos.

Aos 21 anos de idade, em 1816, Keats tomou a decisão de seguir as letras e deixar a carreira médica, o que provocou a ira do guardião do seu dinheiro, Abbey. Seu primeiro livro, *Poems*, saiu no começo de março 1817, tendo sido pouco divulgado pelos jornais literários.

Então, apoiado pelos amigos, Keats assumiu a carreira de poeta e homem de letras. Em 1817, passou um período na Isle of Wight, Southampton e Oxford, e escreveu o longo poema "Endymion" e o soneto "No Mar" (p. 19). Nessa época, visitava o teatro, participava de discussões literárias nas casas de Haydon e Hunt, tendo assistido a série de conferências de Hazlitt sobre os poetas ingleses no começo de 1818.

Em 1818, Keats passa novo período, agora no sudoeste da Inglaterra, em Teignmouth, com seu irmão Tom, que já apresentava os sintomas da tuberculose. No final de junho, acompanhou o outro irmão, George, e sua esposa a Liverpool, de onde o casal ia emigrar para os Estados Unidos. Mais tarde, juntamente com Charles Brown, partiu numa caminhada pela Escócia, percorrendo quase mil quilômetros em 42 dias. Os dois sonetos sobre o poeta escocês, Robert Burns, "Escrito na Cabana onde Burns Nasceu" (p. 59) e "Visitando a Cripta de Burns" (p. 61) e o soneto "Escrito no Cimo de Ben Davis" (p. 17) foram escritos nessa viagem. Na volta, John cuidou de novo do seu irmão Tom, que acabou morrendo em 1 de dezembro de 1818, aos 19 anos de idade. Regressando da Escócia, John começou a ficar doente: parecia que ele já havia contraído a doença do seu irmão.

John foi morar com Charles Brown em Wentworth Place, Hampstead, Londres, onde hoje existe o museu de Keats. Lá, apaixonou-se pela vizinha, Fanny Brawne, segundo Keats, "bela e elegante, graciosa, bobinha, vestida na última moda" (Hilton:93), que tornou-se a musa da última fase da vida de Keats. Seu outro possível relacionamento, sobre o qual sabe-se muito pouco, fora com Isabella Jones, uma mulher casada que havia conhecido no verão de 1817 e com quem manteve contato. Isabella sugeriu que Keats escrevesse "Véspera de Sta. Agnes" (p. 65) no começo de 1819. Muitas pessoas acreditam que este é o melhor poema de Keats, com suas imagens brilhantes e sólida estrutura spenseriana, 10 versos, ababbcbcc, os primeiros nove pentâmetros iâmbicos, o último alexandrino.

Em abril e maio de 1819, Keats escreveu "La Belle Dame Sans Merci" e a sequência de odes, "Ode to Psyche", "Ode to Indolence", "Ode à Melancolia" (p. 49), "Ode a um Rouxinol" (p. 37) e "Ode a um Vaso Grego" (p. 31). Brown descreve a gênese da "Ode a um Rouxinol":

> Na primavera de 1819, um rouxinol construiu seu ninho perto de minha casa. Keats sentia uma alegria contínua e tranquila na sua canção. Uma manhã levou sua cadeira da mesa do café da manhã à grama embaixo da ameixeira, onde ficou sentado durante duas ou três horas. Quando entrou na casa, percebi que ele tinha algumas folhas de papel na mão, os quais jogou atrás dos livros. Ao perguntar, descobri que estas folhas, umas quatro ou cinco, continham seus sentimentos poéticos sobre a canção do rouxinol. (Hilton:102)

A última das grandes odes, "Ao Outono" (p. 45), foi escrita em setembro de 1819, na mesma época quando escrevia cartas apaixonadas para Fanny Brawne. As suas cartas para Keats se perderam, mas parece que a paixão que ela tinha por ele foi muito menor do que a dele por ela. Também, sem profissão e salário fixos, o casamento estava fora de questão.

No começo de 1820, a sua saúde piorou. Estava frequentemente doente. Os novos projetos — *The Fall of Hyperion*, *Lamia*, a peça *King Stephen* — haviam sido abandonados. No começo de fevereiro de 1820, começou a cuspir sangue. Na condição de cirurgião, já sabia que tinha tuberculose e que ia morrer. Piorou durante o verão, sofrendo mais hemorragias, e os amigos de Keats pensavam que seria melhor se ele passasse o inverno na Itália, para onde embarcou em 17 de setembro, acompanhado por Severn. No começo da viagem, escreveu a Brown:

> A ideia de deixar a Srta. Brawne é mais horrível do que qualquer coisa — o sentido da escuridão me envolve — eternamente vejo a sua figura desaparecendo eternamente. Algumas das frases que costumava usar quando ela cuidava de mim em Wentworth Place ecoam no meu ouvido — Haverá outra Vida? Acordarei e descobrirei que tudo isso é um sonho? Tem de ser — não podemos ser criados para esse tipo de sofrimento. (Hilton:124)

A viagem até Nápoles durou três semanas; dez dias para cumprir a quarentena, e mais uma semana para chegar a

Roma. Lá, Keats melhorou um pouco e até conseguiu sair do apartamento que havia alugado na Piazza di Spagna. Em 30 de novembro, escreveu a Brown: "Tenho um sentimento permanente de minha verdadeira vida ter passado e de que tenho uma existência póstuma."
No dia 10 de dezembro Keats teve uma recaída, cuspindo mais sangue, conseguindo sobreviver até o 23 de fevereiro de 1821. Foi enterrado no Cemitério Protestante de Roma, com a seguinte inscrição no seu túmulo: "Aqui jaz alguém cujo nome estava escrito em água".

BIBLIOGRAFIA

Ed. Bush, Douglas. *Selected Poems and Letters by John Keats*. Boston: Houghton Mifflin, 1959.
Gittings, John. *John Keats*. Harmondsworth: Penguin, 1979.
Hilton, Timothy. *Keats and his World*. London: Thames and Hudson, 1971.
Ed. De Man, Paul. *The Selected Poetry of Keats*. New York: New American Library, 1966.

## SOBRE A TRADUÇÃO

*John Milton*

Existem poucos poemas de John Keats traduzidos no Brasil, e isso despertou nosso interesse em traduzi-lo e dar maior destaque a esse grande poeta da língua inglesa, que, não tivesse morrido de tuberculose em 1821 aos 25 anos, poderia ter sido até mais famoso do que o próprio Shakespeare.

Trabalhamos a quatro mãos, eu fazendo uma tradução literal, que Marsicano aprimorava e anotava. Depois dessas sessões, em que trabalhávamos dois ou três sonetos ou várias estrofes de "Véspera de Sta. Agnes", Marsicano retocava o poema sozinho. Por fim, fizemos mais correções conjuntamente.

Na primeira sessão decidimos que não seria possível usar rimas na tradução. A obrigação de rimar acabaria por nos afastar do profundo sentido filosófico que existe por trás destes poemas. Todo verso deveria ser traduzido em torno daquela palavra que teria que rimar, empobrecendo a qualidade da linguagem como um todo. Assim, preferimos nos concentrar mais na qualidade da linguagem em geral, tentando nos aproximar da grande sonoridade da poesia de Keats. Julgamos ser essa a forma mais leal de traduzir esse grande poeta inglês.

# NAS, INVISÍVEIS ASAS DA POESIA

## WRITTEN UPON THE TOP OF BEN NEVIS

*Read me a lesson, Muse, and speak it loud*
  *Upon the top of Nevis, blind in Mist!*
*I look into its chasms, and a shroud*
  *Vaporous doth hide them, — just so much I wist*
*Mankind do know of hell; I look o'erhead,*
  *And there is sullen mist, — even so much*
*Mankind can tells of heaven; mist is spread*
  *Before the earth, beneath me, — even such,*
*Even so vague is man's sight of himself!*
  *Here are the craggy stones beneath my feet, —*
*Thus much I know that, a poor witless elf,*
  *I tread on them, — that all my eye doth meet*
*Is mist and crag, not only on this height,*
*But in the world of thought and mental might!*

# ESCRITO NO CIMO DO BEN NEVIS

Leia-me a prece, Musa, e em voz alta
   No cimo do Nevis, velado na névoa!
Miro os abismos, e uma mortalha
   De vapor os encobre — tal qual
O conhecimento do homem sobre o inferno; ergo os olhos
   E vejo a soturna neblina — tal qual
O conhecimento do homem sobre o céu; a neblina se esparge
   Sobre a terra lá embaixo, — tal qual,
Tão vago quanto o conhecimento do homem sobre si mesmo!
   Aqui estão as pedras ásperas sob meus pés —
E tudo o que sei, eu, um pobre e tolo elfo,
   É que piso sobre elas — tudo o que meus olhos veem
É neblina e rochas, não apenas nestas alturas,
Mas no mundo do pensamento e poder mental!

## ON THE SEA

*It keeps eternal whisperings around*
    *Desolate shores, and with its mighty swell*
    *Gluts twice ten thousand caverns, till the spell*
*Of Hecate leaves them their old shadowy sound.*
*Often 'tis in such gentle temper found,*
    *That scarcely will the very smallest shell*
    *Be moved for days from where it sometime fell,*
*When last the winds of heaven were unbound.*
*Oh ye! who have your eye-balls vexed and tired,*
    *Feast them upon the wideness of the Sea;*
        *Oh ye! whose ears are dinn'd with uproar rude,*
    *Or fed too much with cloying melody —*
        *Sit ye near some old cavern's mouth, and brood*
*Until ye start, as if the sea-nymphs quired!*

# NO MAR

Ele sustém eternos murmúreos
   Nas praias desoladas, e com suas soberbas cristas
   Inunda vinte mil cavernas, até que o sortilégio
De Hécate as deixe com seu velho e assombroso som.
Muitas vezes se encontra tão tranquilo,
   Que até a menor das conchas
   Permanece dias imóvel
Desde o desenlace dos ventos celestiais.
Vós, cujos olhos se enchem de tormento e tédio,
   Regozijai-os com a imensidão do mar;
      Vós, cujos ouvidos estão atordoados pelo rude ruído,
   Ou enfastiados pela música melosa —
      Sentai-vos na boca de uma velha caverna, e meditai
Até que escuteis, como se cantassem, as ninfas do mar!

## TO A CAT

Cat! who hast pass'd thy great climacteric,
    How many mice and rats hast in thy days
    Destroy'd? — How many tit bits stolen? Gaze
With those bright languid segments green, and prick
Those velvet ears — but prythee do not stick
    Thy latent talons in me — and upraise
    Thy gentle mew — and tell me all thy frays
Of fish and mice, and rats and tender chick.
Nay, look not down, nor lick thy dainty wrists —
    For all thy wheezy asthma, — and for all
Thy tail's tip is nick'd off — and though the fists
    Of many a maid have given thee many a maul,
Still is that fur as soft as when the lists
    In youth thou enter'dst on glass bottled wall.

## AO GATO

Gato, já está em idade avançada,
    Quantos camundongos e ratos em sua vida comeu?
    Quantos petiscos roubou?
Olhe com estes lânguidos e brilhantes segmentos de verde,
Ergue as orelhas de veludo
    Mas por favor não espetes tuas garras latentes em mim
    E mia mais alto — e me conta tuas contendas
Por peixes e camundongos, ratos e tenros galetos.
Não, não baixes os olhos nem lambas teus punhos delicados.
    Apesar de teu arfar asmático,
Apesar de teu rabo cortado,
    Apesar de muitas empregadas te terem batido,
Tua pele ainda é tão suave como quando duelavas
    Na juventude sobre os muros entre cacos de vidro.

## WOMEN, WINE, AND SNUFF

*Give me women, wine and snuff*
*Until I cry out "hold, enough!"*
*You may do so sans objection*
*Till the day of resurrection;*
*For bless my beard they aye shall be*
*My beloved Trinity.*

## MULHERES, VINHO, E RAPÉ

Dê-me mulheres, vinho e rapé
Até que grite "Chega!"
Pode fazê-lo sem objeção
Até o dia da ressurreição
Abençoe minha barba pois esta é
Minha adorada Trindade.

## ON DEATH

*I*

*Can death be sleep, when life is but a dream,*
 *And scenes of bliss pass as a phantom by?*
*The transient pleasures as a vision seem,*
 *And yet we think the greatest pain's to die.*

*II*

*How strange it is that man on earth should roam,*
 *And lead a life of woe, but not forsake*
*His rugged path; nor dare he view alone*
 *His future doom, which is but to awake*

# A MORTE

I

Pode a morte ser sono, se a vida não é mais que sonho,
    E se as cenas de êxtase passam qual espectros?
Os prazeres transitórios semelham visões,
    Mas pensamos a morte como a grande dor.

II

Como é estranho o vagar do homem na terra,
    Em sua vida maldita não pode desvencilhar
O rude caminho; nem ousa sozinho entrever
    Seu augúrio futuro que não é senão despertar.

## MEG MERRILIES

I

Old Meg she was a gypsy
    And lived upon the moors;
Her bed it was the brown heath-turf,
    And her house was out of doors.

II

Her apples were swart blackberries,
    Her currants, pods o'broom;
Her wine was dew of the wild white rose,
    Her book was a churchyard tomb.

III

Her brothers were the craggy hills,
    Her sisters larchen trees;
Alone with her great family
    She lived as she did please.

# MEG MERRILIES

I

Velha Meg era uma cigana,
    Que vivia pelos descampados.
Sua cama a relva castanha,
    E sua casa os caminhos.

II

Suas maçãs as negras amoras,
    Suas passas as vagens de giesta;
Seu vinho o orvalho da rosa silvestre,
    Seu livro a estela das criptas.

III

Seus irmãos os troncos dos pinheiros,
    Suas irmãs as pedras das encostas;
Só com esta grande família
    Ela vivia como queria.

IV

*No breakfast had she many a morn,*
  *No dinner many a noon,*
*And, 'stead of supper she would stare*
  *Full hard against the moon!*


V

*But every morn, of woodbine fresh*
  *She made her garlanding;*
*And every night, the dark glen yew*
  *She wove, and she would sing.*


VI

*And with her fingers, old and brown,*
  *She plaited mats o'rushes,*
*And gave them to the cottagers*
  *She met among the bushes.*


VII

*Old Meg was brave as Margaret Queen*
  *And tall as Amazon;*
*An old red blanket cloak she wore;*
  *A chip hat had she on.*
*God rest her aged bones somewhere!*
  *She died full long agone.*

IV

Nenhum desjejum de manhã,
    Sem almoço ao meio-dia,
Em vez de jantar contemplava
    De olhos arregalados a lua.


V

A cada manhã com trepadeiras
    Engendrou suas guirlandas,
Cada noite com o teixo do vale
    Tecia, e cantava.


VI

Com seus dedos velhos e pardos
    Trançava tapetes de junco,
E os dava aos camponeses
    Que encontrava pelos arbustos.


VII

Tão valente quão a Rainha Margaret
    E alta como uma Amazona.
Vestia velha capa vermelha;
    E um barato chapéu.
Deus permita que seus ossos repousem —
    Há muito ela morreu!

## ODE ON A GRECIAN URN

*I*

*Thou still unravish'd bride of quietness,*
    *Thou foster-child of silence and slow time,*
*Sylvan historian, who canst thus express*
    *A flowery tale more sweetly than our rhyme:*
*What leaf-fring'd legend haunts about thy shape*
    *Of deities or mortals, or of both,*
        *In Tempe or the dales of Arcady?*
    *What men or gods are these? What maidens loth?*
*What mad pursuit? What struggle to escape?*
        *What pipes and timbrels? What wild ecstasy?*

*II*

*Heard melodies are sweet, but those unheard*
    *Are sweeter; therefore, ye soft pipes, play on;*
*Not to the sensual ear, but, more endear'd,*
    *Pipe to the spirit ditties of no tone:*
*Fair youth, beneath the trees, thou canst not leave*
    *Thy song, nor ever can those trees be bare;*
        *Bold Lover, never, never canst thou kiss,*

# ODE A UM VASO GREGO

## I

Tu, noiva ainda não desvirginada da quietude,
   Tu, criada pelo silêncio e o tempo lento,
Historiadora silvestre, que podes assim expressar
   Um conto floral mais suave que nossa rima.
Que lenda de friso de folhas se oculta sob teu traçado
   De divindades ou mortais, ou ambos,
      No Tempe ou nos vales da Arcádia?
   Que homens ou Deuses são eles? Que donzelas relutantes?
Que louca perseguição? Que luta para escapar?
      Que flautas e pandeiros? Que êxtase selvagem?

## II

As melodias são doces, mas aquelas não ouvidas
   São mais doces; desta maneira, vós, suaves flautas, soai;
Não ao ouvido sensorial, mas, ternamente,
   Toquem as melodias espirituais do não-som.
Belo jovem, sob as árvores, não deixarás
   Tua canção, como jamais perderão as árvores suas folhas;
   Amante audacioso, nunca, nunca beijarás

Though winning near the goal — yet, do not grieve;
    She cannot fade, though thou hast not thy bliss,
        For ever wilt thou love, and she be fair!


III

Ah, happy, happy boughs! that cannot shed
    Your leaves, nor ever bid the Spring adieu;
And, happy melodist, unwearied,
    For ever piping songs for ever new;
More happy love! more happy, happy love!
    For ever warm and still to be enjoy'd,
        For ever panting, and for ever young;
All breathing human passion far above,
    That leaves a heart high-sorrowful and cloy'd,
        A burning forehead, and a parching tongue.


IV

Who are these coming to the sacrifice?
    To what green altar, O mysterious priest,
Lead'st thou that heifer lowing at the skies,
    And all her silken flanks with garlands drest?
What little town by river or sea shore,
    Or mountain-built with peaceful citadel,
        Is emptied of this folk, this pious morn?
And, little town, thy streets for evermore
    Will silent be; and not a soul to tell
        Why thou art desolate, can e'er return.

Embora perto de tua meta — não te aflijas;
  Ela não se desvanecerá, e embora não tenhas o deleite,
  Sempre amarás, e será ela sempre bela!

## III

Ah! Os ramos alegres, alegres! Que não perdereis jamais
  Vossas folhas, nem vos despedireis da primavera;
E, músico feliz, incansável,
  A tocar melodias sempre novas;
Mais amor feliz! Mais feliz, feliz amor!
  Eternamente cálido e para sempre a ser gozado,
    Continuamente palpitante e sempre jovial;
Todos eles suspirando a intensa paixão humana,
  Que deixa o coração aflito e saciado,
    A cabeça quente, e a língua seca.

## IV

Quem são aqueles indo ao sacrifício?
  A que verde altar, Ó misterioso sacerdote,
Conduzes aquela bezerra berrante aos céus,
  E todos seus sedosos flancos com guirlandas?
Qual cidade à beira da praia ou rio,
  Ou na montanha cercada por muralhas,
    Que está deserta, nesta sagrada manhã?
E, na pequena cidade, tuas ruas sempre estarão
  Em silêncio, pois ninguém que poderia contar
    Porque estás deserta voltará.

## V

*O Attic shape! Fair attitude! with brede*
  *Of marble men and maidens overwrought,*
*With forest branches and the trodden weed;*
  *Thou, silent form, dost tease us out of thought*
*As doth eternity: Cold Pastoral!*
  *When old age shall this generation waste,*
    *Thou shalt remain, in midst of other woe*
*Than ours, a friend to man, to whom thou say'st,*
  *"Beauty is truth, truth beauty," — that is all*
    *Ye know on earth, and all ye need to know.*

V

Ó estilo Ático, bela Atitude!
   De homens e donzelas forjados em mármore,
Com ramos silvestres e relva pisada;
   Tu, forma silente, arroja-nos ao sortilégio
Qual a eternidade: Fria Pastoral!
   Quando a velhice arruinar esta geração,
      Permanecerás, em meio a outro infortúnio
Que não o nosso, amigo do homem, a quem proferes,
   "A Beleza é Verdade, a Verdade  Beleza" — isto é tudo
      O que sabeis na terra, e tudo o que deveis saber.

## ODE TO A NIGHTINGALE

*I*

*My heart aches, and a drowsy numbness pains*
    *My sense, as though of hemlock I had drunk,*
*Or emptied some dull opiate to the drains*
    *One minute past, and Lethe-wards had sunk:*
*'Tis not through envy of thy happy lot,*
    *But being too happy in thine happiness, —*
        *That thou, light-winged Dryad of the trees,*
        *In some melodious plot*
*Of beechen green, and shadows numberless,*
    *Singest of summer in full-throated ease.*

*II*

*O, for a draught of vintage! that hath been*
    *Cool'd a long age in the deep-delved earth,*
*Tasting of Flora and the country green,*
    *Dance, and Provençal song, and sunburnt mirth!*
*O for a beaker full of the warm South,*
    *Full of the true, the blushful Hippocrene,*
        *With beaded bubbles winking at the brim,*

# ODE A UM ROUXINOL

I

Doi-me o coração, e um torpor letárgico
    Fere meu sentido, como se tomasse cicuta,
Ou ingerisse até o fim algum ópio
    Instantes atrás, e ao Letes me precipitasse.
Não que inveje teu alegre destino
    Mas por ser feliz com tua alegria —
        Que tu, Dríade das leves asas,
            Num lugar melodioso
De faias verdes, e sombras incontáveis,
    Celebras a plena voz teu canto de verão.

II

Oh! Gole farto de vinho velho!
    Fresco há muito no profundo coração da terra,
Com sabor de Flora e verdes prados,
    Dança e canção Provençal, alegria queimada de sol!
Oh! taça plena do quente Sul
    Cheia da vera e rubra Hipocrene
        Com borbulhas qual contas piscando nas bordas,

*And purple-stained mouth;*
*That I might drink, and leave the world unseen,*
*And with thee fade away into the forest dim:*

## III

*Fade far away, dissolve, and quite forget*
  *What thou among the leaves hast never known,*
*The weariness, the fever, and the fret*
  *Here, where men sit and hear each other groan;*
*Where palsy shakes a few, sad, last gray hairs,*
  *Where youth grows pale, and spectre-thin, and dies;*
    *Where but to think is to be full of sorrow*
      *And leaden-eyed despairs,*
*Where Beauty cannot keep her lustrous eyes,*
  *Or new Love pine at them beyond tomorrow.*

## IV

*Away! away! for I will fly to thee,*
  *Not charioted by Bacchus and his pards,*
*But on the viewless wings of Poesy,*
  *Though the dull brain perplexes and retards:*
*Already with thee! tender is the night,*
  *And haply the Queen-Moon is on her throne,*
    *Cluster'd around by all her starry Fays;*
      *But here there is no light,*
*Save what from heaven is with the breezes blown*
  *Through verdurous glooms and winding mossy ways.*

      Boca tinta de púrpura;
  Se pudesse beber, e sumir deste mundo,
    E contigo desvanecer na escura floresta.

III

Desvanecer, dissolver e deslembrar
   O que tu entre as folhas jamais conheceste
O fastio, a febre, e o frêmito
   Aqui, onde os homens sentam e se escutam gemer;
Onde a paralisia agita os últimos parcos cabelos brancos,
   Onde os jovens empalidecem, e morrem qual espectros;
   Onde apenas pensar causa a dor
     E o desespero dos olhos plúmbeos,
Onde a Beleza não pode suster seus olhos brilhantes,
Nem um novo Amor definhar mais de um dia.

IV

Longe, Longe! A ti voarei,
   Não na carruagem de Baco e seus leopardos,
Mas nas invisíveis asas da Poesia
   Embora o turvo cérebro retarde e confunda.
Já contigo! Suave é a noite,
   E talvez a Rainha Lua esteja em seu trono
     Cercada por suas Fadas estelares;
     Mas aqui não há luz,
   Senão aquela que do céu com as brisas sopra
     Pelas glaucas trevas e sendas sinuosas de musgo.

## V

*I cannot see what flowers are at my feet,*
  *Nor what soft incense hangs upon the boughs,*
*But, in embalmed darkness, guess each sweet*
  *Wherewith the seasonable month endows*
*The grass, the thicket, and the fruit-tree wild;*
  *White hawthorn, and the pastoral eglantine;*
    *Fast fading violets cover'd up in leaves;*
      *And mid-May's eldest child,*
  *The coming musk-rose, full of dewy wine,*
    *The murmurous haunt of flies on summer eves.*

## VI

*Darkling I listen; and, for many a time*
  *I have been half in love with easeful Death,*
*Call'd him soft names in many a mused rhyme,*
  *To take into the air my quiet breath;*
*Now more than ever seems it rich to die,*
  *To cease upon the midnight with no pain,*
    *While thou art pouring forth thy soul abroad*
      *In such an ecstasy!*
*Still wouldst thou sing, and I have ears in vain —*
  *To thy high requiem become a sod.*

## VII

*Thou wast not born for death, immortal Bird!*
  *No hungry generations tread thee down;*
*The voice I hear this passing night was heard*

V

Não vejo que flores estão a meus pés,
    Nem qual suave incenso dos ramos exala,
Mas, na treva embalsamada, desvelo o aroma
    Que cada mês regala
A relva, a coifa, as frutíferas árvores silvestres;
    Branco pilriteiro e madresilva pastoral;
        As violetas que cedo murcham veladas sob as folhas;
        E a primeira filha dos meados de maio,
A rosa de almíscar, no vinho de orvalho imersa,
    Murmúrea paragem de moscas das tardes de verão.

VI

No escuro escuto; por várias vezes
    Que tenho sido seduzido pela suave morte,
Lhe dando ternos nomes em versos refletidos,
    Para que pegasse no ar meu sutil alento;
Nunca como agora me parece tão boa a morte,
    Findar a meia-noite sem nenhuma dor,
        Enquanto tu em torno desvaneces a alma
        Neste êxtase!
Ainda cantarias, e de nada valeriam meus ouvidos —
    A teu alto réquiem em terra transformado.

VII

Não nasceste para a morte, Ave imortal!
    As gerações famintas não pisam em ti;
A voz que escuto esta noite foi ouvida

*In ancient days by emperor and clown:*
*Perhaps the self-same song that found a path*
   *Through the sad heart of Ruth, when, sick for home,*
    *She stood in tears amid the alien corn;*
      *The same that oft-times hath*
*Charm'd magic casements, opening on the foam*
   *Of perilous seas, in faery lands forlorn.*

## VIII

*Forlorn! the very word is like a bell*
   *To toll me back from thee to my sole self!*
*Adieu! the fancy cannot cheat so well*
   *As she is fam'd to do, deceiving elf.*
*Adieu! adieu! thy plaintive anthem fades*
   *Past the near meadows, over the still stream,*
     *Up the hill-side; and now 'tis buried deep*
       *In the next valley-glades:*
   *Was it a vision, or a waking dream?*
   *Fled is that music: — Do I wake or sleep?*

Pelo palhaço e o imperador nos tempos remotos.
Talvez a mesma melodia que encontrou lugar
No triste coração de Rute, quando, saudosa do lar,
Chorou entre o trigo estrangeiro;
A mesma que várias vezes encantou
As mágicas janelas, abertas sobre a espuma
Dos mares perigosos, nas encantadas terras perdidas.


## VIII

Perdidas! Esta palavra é como um sino
Que, dobrando, me faz voltar a mim mesmo!
Adeus! A fantasia não pode tanto iludir
Como parece, ó elfo ludibriador.
Adeus! Adeus! Teu hino pungente se esvai
Além dos prados vizinhos, sobre o tranquilo riacho,
Subindo o monte; é agora profundamente enterrado
Nas clareiras do vale ao lado.
Foi esta uma visão ou sonhei desperto?
A música se foi: — Estarei dormindo ou acordado?

## TO AUTUMN

### I

Season of mists and mellow fruitfulness,
   Close bosom-friend of the maturing sun;
Conspiring with him how to load and bless
   With fruit the vines that round the thatch-eves run;
To bend with apples the moss'd cottage-trees,
   And fill all fruit with ripeness to the core;
      To swell the gourd, and plump the hazel shells
   With a sweet kernel; to set budding more,
And still more, later flowers for the bees,
Until they think warm days will never cease,
      For Summer has o'er-brimm'd their clammy cells.

### II

Who hath not seen thee oft amid thy store?
   Sometimes whoever seeks abroad may find
Thee sitting careless on a granary floor,
   Thy hair soft-lifted by the winnowing wind;
Or on a half-reap'd furrow sound asleep,
   Drows'd with the fume of poppies, while thy hook

# AO OUTONO

### I

Estação de névoas e frutífera suavidade,
   Amiga do peito do sol maduro;
Conspiras com ele como espargir e abençoar
   Com frutas as videiras nos beirais de palha;
Arqueias com maçãs os ramos musgosos,
     Preenches até o fim de madurez as frutas;
        Inflas as cabaças e farta as cascas das avelãs
   Com o doce cerne; fazes brotar mais
E mais, flores tardias às abelhas,
Até que pensem jamais findar-se-ão os dias quentes,
     Pois o Verão transbordou suas meladas colmeias.

### II

Quem não te viu em teu armazém?
   Às vezes, aquele que procurar te encontrará
Sentada tranquila no chão do celeiro,
   Teu cabelo levemente erguido pelo vento joeirante,
Ou dormindo profundo num sulco ceifado ao meio,
   Entorpecida no aroma das papoulas, enquanto tua foice

      *Spares the next swath and all its twined flowers:*
*And sometimes like a gleaner thou dost keep*
   *Steady thy laden head across a brook;*
   *Or by a cyder-press, with patient look,*
      *Thou watchest the last oozings hours by hours.*


*III*

*Where are the songs of Spring? Ay, where are they?*
   *Think not of them, thou hast thy music too, —*
*While barred clouds bloom the soft-dying day,*
   *And touch the stubble plains with rosy hue;*
*Then in a wailful choir the small gnats mourn*
   *Among the river sallows, borne aloft*
      *Or sinking as the light wind lives or dies;*
*And full-grown lambs loud bleat from hilly bourn;*
   *Hedge-crickets sing; and now with treble soft*
   *The red-breast whistles from a garden-croft;*
      *And gathering swallows twitter in the skies.*

Poupa a fileira seguinte e suas flores enroscadas.
E várias vezes como um colhedor manténs
　Firme tua cabeça pródiga ao atravessares o riacho;
　Ou ao lado de uma prensa de cidra, com olhar paciente,
　Contemplas as derradeiras horas viscosas.

III

Onde estão as canções da Primavera? Sim, onde estão?
　Não penses nelas, tens tua música também, —
Nuvens como estrias brotam no dia que suave se esvai,
　E tangem com rósea cor os restos dos campos desnudos;
Num coro-lamento pranteam os mosquitos
　　Entre os salgueiros do rio, no alto
　　Ou imersos quando a tênue brisa vive ou fenece;
E grandes carneiros berram no riacho das montanhas;
　　Grilos cantam; e agora com suave trinado
　　O papo-roxo sibila do jardim,
　　　Andorinhas gorjeiam nos céus.

## ODE ON MELANCHOLY

*I*

*No, no, go not to Lethe, neither twist*
    *Wolfs-bane, tight-rooted, for its poisonous wine;*
*Nor suffer thy pale forehead to be kiss'd*
    *By nightshade, ruby grape of Proserpine;*
*Make not your rosary of yew-berries,*
    *Nor let the beetle, nor the death-moth be*
        *Your mournful Psyche, nor the downy owl*
*A partner in your sorrow's mysteries;*
    *For shade to shade will come too drowsily,*
        *And drown the wakeful anguish of the soul.*

*II*

*But when the melancholy fit shall fall*
    *Sudden from heaven like a weeping cloud,*
*That fosters the droop-headed flowers all,*
    *And hides the green hill in an April shroud;*
*Then glut thy sorrow on a morning rose,*
    *Or on the rainbow of the salt sand-wave,*
        *Or on the wealth of globed peonies;*

# ODE À MELANCOLIA

I

Não, não vás ao Letes, nem retorças as raízes
　Em feixes do acônito para forjar o vinho venenoso;
Nem deixes tua pálida fronte ser beijada
　Pela beladona, uva rubi de Prosérpina;
Não faças teu rosário com as bagas dos teixos,
　Nem deixes o besouro, ou a mariposa da morte
　　Ser tua lúgubre Psique, nem a coruja de penas macias
Ser parceira dos mistérios da tua dor;
　Sombra a sombra letárgica virá,
　　E afogará a angústia desperta da alma.

II

Mas quando o ataque da melancolia cair
　Súbito do céu qual nuvem em pranto,
Que revigora as flores cabisbaixas,
　E vela a verde colina na mortalha de Abril;
Farta então a dor na rosa da manhã,
　Ou no arco-íris da onda salgada na areia,
　　Ou na abundância das peônias globulares;

*Or if thy mistress some rich anger shows,*
 *Emprison her soft hand, and let her rave,*
  *And feed deep, deep upon her peerless eyes.*


## III

*She dwells with Beauty — Beauty that must die;*
 *And Joy, whose hand is ever at his lips*
*Bidding adieu; and aching Pleasure nigh,*
 *Turning to poison while the bee-mouth sips:*
*Ay, in the very temple of Delight*
 *Veil'd Melancholy has her sovran shrine,*
  *Though seen of none save him whose strenuous tongue*
 *Can burst Joy's grape against his palate fine;*
*His soul shall taste the sadness of her might,*
 *And be among her cloudy trophies hung.*

Ou se tua amada demonstrar ira intensa,
   Ata-lhe a mão suave, e a deixa delirar,
      E nutra-te fundo, fundo nos seus olhos ímpares.


III

Ela mora com a Beleza — Beleza que fenecerá;
   E com a Alegria, cuja mão nos lábios sempre
Se despede; junto ao doloroso prazer,
   Virando Veneno enquanto a boca-abelha sorve.
Sim, e no próprio templo do deleite
   A velada melancolia tem seu santuário supremo,
      Embora apenas o vislumbre aquele cuja língua audaz
      Estala no céu da boca a uva da Alegria;
Sua alma provará a tristeza de seu poder,
   E penderá em meio a seus nebulosos troféus.

## ON FIRST LOOKING INTO CHAPMAN'S HOMER

Much have I travell'd in the realms of gold,
    And many goodly states and kingdoms seen;
    Round many western islands have I been
Which bards in fealty to Apollo hold.
Oft of one wide expanse had I been told
    That deep-brow'd Homer ruled as his demesne;
    Yet did I never breathe its pure serene
Till I heard Chapman speak out loud and bold:
Then felt I like some watcher of the skies
    When a new planet swims into his ken;
Or like stout Cortez when with eagle eyes
    He star'd at the Pacific — and all his men
Look'd at each other with a wild surmise —
    Silent, upon a peak in Darien.

# PRIMEIRA LEITURA DO
# *HOMERO* DE CHAPMAN

Há muito vagueio pelos reinos de ouro,
   Mirando impérios e estados prodigiosos;
   Por várias ilhas ocidentais rondei
Criadas por bardos fiéis a Apolo.
Muito me contaram de uma terra vasta
   Que o pensativo Homero regeu como seu domínio;
   Não havia inspirado o alento de sua pura serenidade
Até que ouvi a lauta e vigorosa voz de Chapman.
Então senti-me como um desbravador dos céus
   Que vislumbra um novo planeta;
Ou como o impávido Cortez que com olhos de águia
   Entreviu o Pacífico — e todos os seus homens
Entreolharam-se num divagar selvagem —
   Silentes no cimo de Darien.

# *KEEN, FITFUL GUSTS ARE WHISP'RING HERE AND THERE*

*Keen, fitful gusts are whisp'ring here and there*
  *Among the bushes half leafless, and dry;*
  *The stars look very cold about the sky,*
*And I have many miles on foot to fare.*
*Yet feel I little of the cool bleak air,*
  *Or of the dead leaves rustling drearily,*
  *Or of those silver lamps that burn on high,*
*Or of the distance from home's pleasant lair:*
*For I am brimfull of the friendliness*
  *That in a little cottage I have found;*
*Of fair-hair'd Milton's eloquent distress,*
  *And all his love for gentle Lycid drown'd;*
*Of lovely Laura in her light green dress,*
  *And faithful Petrarch gloriously crown'd.*

# AGUDAS, LUFADAS INTERMITENTES

Agudas, lufadas intermitentes sibilam aqui e ali
   Pelos arbustos semidesfolhados e secos;
   As estrelas semelham tão frias pelo céu,
E tenho tantas milhas a trilhar.
Mas nem sinto o ar gélido e desolado,
   Nem o monótono farfalhar das folhas findas,
   Nem o incandescer brilhante das lanternas de prata,
Nem a distância de minha toca acolhedora.
Pois transbordo da amizade
   Que encontrei numa pequena cabana;
Do ímpeto eloquente do louro Milton,
   E de todo seu amor pelo gentil Lícidas afogado;
E da bela Laura em seu verde claro vestido,
   E do fiel Petrarca gloriosamente coroado.

## ON THE GRASSHOPPER AND CRICKET

*The poetry of earth is never dead:*
   *When all the birds are faint with the hot sun,*
   *And hide in cooling trees, a voice will run*
*From hedge to hedge about the new-mown mead;*
*That is the Grasshopper's — he takes the lead*
   *In summer luxury,—he has never done*
   *With his delights; for when tired out with fun*
*He rests at ease beneath some pleasant weed.*
*The poetry of earth is ceasing never:*
   *On a lone winter evening, when the frost*
      *Has wrought a silence, from the stove there shrills*
*The Cricket's song, in warmth increasing ever,*
   *And seems to one in drowsiness half lost,*
      *The Grasshopper's among some grassy hills.*

## SOBRE O GAFANHOTO E O GRILO

A poesia da terra jamais cessa:
   Quando todos os pássaros languescem ao sol ardente,
   E se escondem nas frescas árvores, uma voz corre
De cerca em cerca ao redor do prado recém-ceifado;
É o Gafanhoto — ele rege
   A luxúria do verão, — nunca finda
   Suas delícias; pois, quando exaurido em alegria,
Repousa sob alguma boa erva daninha.
A poesia da terra jamais cessa.
   Numa solitária noite de inverno, quando a geada
      Traz o silêncio, do fogareiro sibila
O canto do Grilo, sempre mais quente,
   E semelha alguém perdido na sonolência,
      O do Gafanhoto entre as verdejantes colinas.

## WRITTEN IN THE COTTAGE WHERE BURNS WAS BORN

*This mortal body of a thousand days*
  *Now fills, O Burns, a space in thine own room,*
*Where thou didst dream alone on budded bays,*
  *Happy and thoughtless of thy day of doom!*
*My pulse is warm with thine old Barley-bree,*
  *My head is light with pledging a great soul,*
*My eyes are wandering, and I cannot see,*
  *Fancy is dead and drunken at its goal;*
*Yet can I stamp my foot upon thy floor,*
  *Yet can I ope thy window sash to find*
*The meadow thou hast tramp'd o'er and o'er —*
  *Yet can I think of thee till thought is blind —*
*Yet can I gulp a bumper to thy name —*
*O smile among the shades, for this is fame!*

# ESCRITO NA CABANA
# ONDE BURNS NASCEU

Este corpo mortal de mil dias
    Abarca agora, Ó Burns, um espaço em teu quarto,
Onde sozinho sonhaste mirando os louros a brotar,
    Feliz, sem pensar em teu dia derradeiro!
Meu pulso aquece com tua própria cerveja,
    Minha cabeça leve brinda uma grande alma,
Meus olhos divagam sem vislumbrar,
    A Imaginação se esvai ébria em seu intento;
Mas consigo bater meus pés sobre teu chão,
    Mas posso abrir uma janela para entrever
O prado sobre o qual pisaste e pisaste, —
    Mas posso pensar em ti até que cesse o pensamento, —
Mas posso tragar uma caneca de cerveja em teu nome, —
Oh, sorri em meio à treva, pois isto é a fama!

# ON VISITING THE TOMB OF BURNS

*The town, the churchyard, an the setting sun,*
  *The clouds, the trees, the rounded hills all seem,*
  *Though beautiful, cold — strange — as in a dream,*
*I dreamed long ago, now new begun.*
*The short-liv'd paly Summer is but won*
  *From Winter's ague, for one hour's gleam;*
  *Though sapphire-warm, their stars do never beam:*
*All is cold beauty; pain is never done:*
*For who has mind to relish, Minos-wise,*
  *The Real of Beauty, free from that dead hue*
    *Sickly imagination and sick pride*
  *Cast wan upon it? Burns! with honour due*
    *I oft have honour'd thee. Great shadow, hide*
*Thy face; I sin against thy native skies*

# VISITANDO A CRIPTA DE BURNS

A cidade, o cemitério e o sol poente,
   As nuvens, as árvores, as curvas colinas semelham,
   Embora belas, frias — estranhas — um sonho,
Que há muito sonhei, e à ele retorno.
O breve e pálido verão triunfou
   Sobre o calafrio do inverno, por uma hora de esplendor;
   Cálidas qual safiras, jamais cintilam as estrelas.
Tudo é fria Beleza; e nunca finda a dor.
Pois quem pode apreciar, sábio como Minos,
   A Verdadeira beleza, livre do matiz mortal
     Que a imaginação e o orgulho doentios
   Te abateram? Burns! Com honra
     Muito te venerei. Grande alma, oculta
Tua face; peco contra teus céus nativos.

## ON SITTING DOWN TO READ KING LEAR *ONCE AGAIN*

O golden-tongued Romance with serene lute!
    Fair plumed Syren! Queen of far away!
    Leave melodizing on this wintry day,
Shut up thine olden pages, and be mute:
Adieu! for once again the fierce dispute
    Betwixt damnation and impassion'd clay
    Must I burn through; once more humbly assay
The bitter-sweet of this Shakespearian fruit.
Chief Poet! and ye clouds of Albion,
    Begetters of our deep eternal theme,
When through the old oak forest I am gone,
    Let me not wander in a barren dream,
But when I am consumed in the fire,
Give me new Phoenix wings to fly at my desire.

## SENTADO, A RELER O *REI LEAR*

Ó romance de linguagem dourada, com sereno alaúde!
   Bela Sereia emplumada, Rainha dos confins!
   Deixa a melodia neste dia de inverno,
Cerra as velhas páginas, e te cala.
Adeus! Novamente, contenda feroz
   Entre a maldição e o barro apaixonado
   Devo abrasado passar; provando humilde mais uma vez
O agridoce desta fruta Shakespeariana.
Poeta maior! E vós nuvens de Albion,
   Geradoras de nosso profundo e eterno tema!
Quando atravessar a antiga Floresta de carvalhos,
   Não me deixeis divagar num sonho estéril,
Mas, quando no fogo me consumir,
Dai-me novas asas de Fênix para que voe a meu desejo.

# THE EVE OF ST. AGNES

*I*

St. Agnes' Eve — Ah, bitter chill it was!
The owl, for all his feathers, was a-cold;
The hare limp'd trembling through the frozen grass,
And silent was the flock in woolly fold:
Numb were the Beadsman's fingers, while he told
His rosary, and while his frosted breath,
Like pious incense from a censer old,
Seem'd taking flight for heaven, without a death,
Past the sweet Virgin's picture, while his prayer he saith.

*II*

His prayer he saith, this patient, holy man;
Then takes his lamp, and riseth from his knees,
And back returneth, meagre, barefoot, wan,
Along the chapel aisle by slow degrees:
The sculptur'd dead, on each side, seem to freeze,
Emprison'd in black, purgatorial rails:
Knights, ladies, praying in dumb orat'ries,
He passeth by; and his weak spirit fails
To think how they may ache in icy hoods and mails.

## VÉSPERA DE STA. AGNES

I

Véspera de Sta. Agnes — Ah, que frio fazia!
A coruja, apesar de suas penas, tiritava;
A lebre manca fremia entre a relva em gelo,
Silente estava o rebanho no cercado lanoso.
Amorteciam os dedos do Rezador a dedilhar
O rosário, e seu frio alento semelhava
O piedoso insenso de um antigo insensário
Como se ao céu alçasse vôo. Sem a morte,
Passando a doce imagem da Virgem ao rezar.

II

Finda a prece, este paciente homem santo,
Que traz a lanterna e de joelhos se ergue,
Pálido, magro e descalço percorre
Lentamente o corredor da capela.
As esculturas tumulares parecem gelar,
Alçadas aos negros balaústres do purgatório.
Cavaleiros e damas pregam nos mudos oratórios —
Ele passa; e seu fraco espírito vacila a pensar
Como padecem nos gélidos capuzes e armaduras.

*III*

    *Northward he turneth through a little door,*
    *And scarce three steps, ere Music's golden tongue*
    *Flatter'd to tears this aged man and poor;*
    *But no—already had his deathbell rung;*
    *The joys of all his life were said and sung:*
    *His was harsh penance on St. Agnes' Eve:*
    *Another way he went, and soon among*
    *Rough ashes sat he for his soul's reprieve,*
*And all night kept awake, for sinners' sake to grieve.*


*IV*

    *That ancient Beadsman heard the prelude soft;*
    *And so it chanc'd, for many a door was wide,*
    *From hurry to and fro. Soon, up aloft,*
    *The silver, snarling trumpets 'gan to chide:*
    *The level chambers, ready with their pride,*
    *Were glowing to receive a thousand guests:*
    *The carved angels, ever eager-eyed,*
    *Star'd, where upon their heads the cornice rests,*
*With hair blown back, and wings put cross-wise on their breasts.*


*V*

    *At length burst in the argent revelry,*
    *With plume, tiara, and all rich array,*
    *Numerous as shadows haunting fairily*
    *The brain, new stuff'd, in youth, with triumphs gay*
    *Of old romance. These let us wish away,*

III

    Volta-se e entra por uma porta ao norte,
    Três passos, antes que a língua dourada da música
    Leve às lágrimas este pobre velho homem;
    Mas não — já tocara seu sino da morte.
    Os prazeres de sua vida já contados e cantados.
    Seu destino, a penitência na Véspera de Sta. Agnes.
    Outro rumo tomou, e logo entre
    Ásperas cinzas sentou a redimir sua alma,
Desperto à noite, em pranto pelos pecadores.

IV

    Este velho Rezador ouviu o suave prelúdio;
    E assim foi, pois várias portas se abriam,
    E vários passavam. Então lá em cima,
    Trombetas de prata rosnaram a ralhar.
    As câmaras no alto, prestes em seu brio,
    Brilhavam a receber mil convivas.
    Os anjos talhados de olhos ávidos miravam
    Atentos, sob as cornijas as cabeças
Com os cabelos para trás, as asas cruzadas no peito.

V

    Por fim explodiram na farra prateada,
    Com plumas, tiaras e todo precioso ornamento,
    Inúmeros qual espectros como fadas assolando
    A mente, jovial, imersa nos alegres triunfos
    Do antigo romance. Deixe-os desvanecer,

  *And turn, sole-thoughted, to one Lady there,*
  *Whose heart had brooded, all that wintry day,*
  *On love, and wing'd St. Agnes' saintly care,*
*As she had heard old dames full many times declare.*

## VI

  *They told her how, upon St. Agnes' Eve,*
  *Young virgins might have visions of delight,*
  *And soft adorings from their loves receive*
  *Upon the honey'd middle of the night,*
  *If ceremonies due they did aright;*
  *As, supperless to bed they must retire,*
  *And couch supine their beauties, lily white;*
  *Nor look behind, nor sideways, but require*
*Of Heaven with upward eyes for all that they desire.*

## VII

  *Full of this whim was thoughtful Madeline:*
  *The music, yearning like a God in pain,*
  *She scarcely heard: her maiden eyes divine,*
  *Fix'd on the floor, saw many a sweeping train*
  *Pass by — she heeded not at all: in vain*
  *Came many a tiptoe, amorous cavalier,*
  *And back retir'd; not cool'd by high disdain,*
  *But she saw not: her heart was otherwhere:*
*She sigh'd for Agnes' dreams, the sweetest of the year.*

Voltemos nosso pensamento à Donzela,
Cujo coração meditara o dia todo de inverno,
No amor, na sagrada caridade alada de Sta. Agnes,
Como muito escutara das velhas damas.

# VI

Contaram-lhe como, na Véspera de Sta. Agnes,
Jovens virgens poderiam ter visões de prazer,
E ser suavemente adoradas por seus amados
No mel do meio da noite,
Se os preceitos fossem bem feitos;
Então, sem ceia deveriam ir pra cama,
E deitar suas belezas alvas como lírios
Sem olhar pra trás, de lado, mas pedir ao céu
Com olhos erguidos o que desejassem.

# VII

Com tal capricho divagava a pensativa Madeline
Que suspirava qual um Deus em dor.
Não ouvia a música: seus divinos olhos virginais,
Fixos no chão, viram muitas longas grinaldas
Passar — ela não se importara: em vão
Haviam surgido cavalheiros saltitantes — e se foram;
Não se importando com seu desdém altivo,
Mas ela nem os vira. Seu coração pairava noutra parte.
Suspirava pelos sonhos de Agnes, os mais doces do ano.

## VIII

*She danc'd along with vague, regardless eyes,*
*Anxious her lips, her breathing quick and short:*
*The hallow'd hour was near at hand: she sighs*
*Amid the timbrels, and the throng'd resort*
*Of whisperers in anger, or in sport;*
*'Mid looks of love, defiance, hate, and scorn,*
*Hoodwink'd with faery fancy; all amort,*
*Save to St. Agnes and her lambs unshorn,*
*And all the bliss to be before to-morrow morn.*

## IX

*So, purposing each moment to retire,*
*She linger'd still. Meantime, across the moors,*
*Had come young Porphyro, with heart on fire*
*For Madeline. Beside the portal doors,*
*Buttress'd from moonlight, stands he, and implores*
*All saints to give him sight of Madeline,*
*But for one moment in the tedious hours,*
*That he might gaze and worship all unseen;*
*Perchance speak, kneel, touch, kiss — in sooth such things*
    *have been.*

## X

*He ventures in: let no buzz'd whisper tell:*
*All eyes be muffled, or a hundred swords*
*Will storm his heart, Love's fev'rous citadel:*
*For him, those chambers held barbarian hordes,*

## VIII

Ela caminhava saltitante, de olhos gázeos,
Com lábios ansiosos, sua respiração arfava.
A hora sagrada estava prestes. Ela suspira
Entre os pandeiros, e o salão repleto,
Murmurante de raiva ou folguedo;
Aos olhares de amor, desafio, ódio e escárnio,
No encanto; tudo estava morto para ela,
A não ser Sta. Agnes e seus felpudos carneiros
E todo êxtase que eclodirá antes da manhã.

## IX

Enquanto pensando partir a cada instante
Ela se detinha. Cruzando os prados,
Chega o jovem Porfírio, com o coração em fogo
Por Madeline. Ao lado dos portais,
Oculto da lua, ele clama aos santos
Que os regalem com a visão de Madeline,
Por um instante, nas horas amorfas,
A vislumbrar e adorar o que ainda não vira;
Talvez falar, ajoelhar, tocar e beijar — E tudo se passou.

## X

Ele se aventurou — nenhum sussurro conta;
Que os olhos velem-se, se não centenas de espadas
Atacarão seu coração, cidadela febril do Amor.
Pra ele, no salão havia hordas de bárbaros,

*Hyena foemen, and hot-blooded lords,*
*Whose very dogs would execrations howl*
*Against his lineage: not one breast affords*
*Him any mercy, in that mansion foul,*
*Save one old beldame, weak in body and in soul.*


XI

*Ah, happy chance! the aged creature came,*
*Shuffling along with ivory-headed wand,*
*To where he stood, hid from the torch's flame,*
*Behind a broad hail-pillar, far beyond*
*The sound of merriment and chorus bland:*
*He startled her; but soon she knew his face,*
*And grasp'd his fingers in her palsied hand,*
*Saying, "Mercy, Porphyro! hie thee from this place;*
*"They are all here to-night, the whole blood-thirsty race!"*


XII

*"Get hence! get hence! there's dwarfish Hildebrand;*
*"He had a fever late, and in the fit*
*"He cursed thee and thine, both house and land:*
*"Then there 's that old Lord Maurice, not a whit*
*"More tame for his gray hairs — Alas me! flit!*
*"Flit like a ghost away." — "Ah, Gossip dear,*
*"We're safe enough; here in this arm-chair sit,*
*"And tell me how" — "Good Saints! not here, not here;*
*"Follow me, child, or else these stones will be thy bier."*

Inimigos qual hienas e lordes de sangue quente,
Cujos cães uivavam insultos
À sua linhagem. Nenhum peito guardava
Sinal de compaixão, na pérfida mansão,
A não ser uma anciã, fraca de corpo e alma.

XI

Ah, grande chance! A velha criatura,
Se arrastando com o cajado de cabeça de marfim,
Dele se aproxima. Oculto das flamas da tocha,
Atrás da espessa pilastra, muito além
Do som do júbilo e da suave canção,
Assustou-a: mas logo reconheceu-lhe o rosto,
Ela enlaçou-lhe os dedos na sua mão imóvel,
Clamando: "Por favor, Porfírio, sai deste lugar;
Todos estão aqui, esta noite, toda a raça sanguinária!"

XII

"Sai daqui! Eis Hildebrando o nanico,
Que há pouco teve febre e insultou
A ti, tua família, teu lar e terra.
Aqui está o velho lorde Maurício, nada sereno
Em seus cabelos brancos — Ai de mim! Some!
Qual espectro". — "Ah, querida mulher,
Cá estamos tão seguros; senta nesta poltrona,
Me conta como" — "Meus Santos! Não aqui, não aqui;
Segue-me, filho, se não estas pedras serão teu túmulo."

### XIII

*He follow'd through a lowly arched way,*
*Brushing the cobwebs with his lofty plume;*
*And as she mutter'd "Well-a — well-a-day!"*
*He found him in a little moonlight room,*
*Pale, lattic'd, chill, and silent as a tomb.*
*"Now tell me where is Madeline," said he,*
*"O tell me, Angela, by the holy loom*
*"Which none but secret sisterhood may see,*
*"When they St. Agnes' wool are weaving piously."*

### XIV

*"St. Agnes! Ah! it is St. Agnes' Eve —*
*"Yet men will murder upon holy days:*
*"Thou must hold water in a witch's sieve,*
*"And be liege-lord of all the Elves and Fays,*
*"To venture so: it fills me with amaze*
*"To see thee, Porphyro! — St. Agnes' Eve!*
*"God's help! my lady fair the conjuror plays*
*"This very night: good angels her deceive!*
*"But let me laugh awhile, I've mickle time to grieve."*

### XV

*Feebly she laugheth in the languid moon,*
*While Porphyro upon her face doth look,*
*Like puzzled urchin on an aged crone*
*Who keepeth clos'd a wond'rous riddle-book,*
*As spectacled she sits in chimney nook.*

## XIII

Ele seguiu por um corredor de arcadas,
Roçando as teias com sua alta pluma,
Enquanto ela sussurrava — "Que — Que dia!"
Ele se viu numa câmara prateada pelo luar,
Lívida, entrelaçada, fria e qual túmulo silente.
"Conte-me onde está Madeline," disse ele,
"Oh, conte-me, Angela, pelo sagrado tear
 O que ninguém alheio à confraria pode ver
A lã de Sta. Agnes ao ser piedosamente tecida".

## XIV

"Sta. Agnes! Ah! É véspera de Sta. Agnes —
Mas os homens matarão nos dias santos:
Deves reter água na peneira de uma bruxa,
E ser senhor dos elfos e das fadas,
Para te aventurares. Enche-me de espanto
Te ver, Porfírio! — Na véspera de Sta. Agnes!
Que Deus me ajude! Minha boa senhora conjura
Esta noite. Que bons anjos a iludam!
Deixa-me rir um instante, tenho tempo para lamentar."

## XV

Tênue ela ri ao lânguido luar,
Enquanto Porfírio mira-lhe a face,
Fitando qual perplexo garoto a anciã
 Que mantém cerrado um lindo livro de enigmas,
De óculos ela senta ao lado da chaminé.

> But soon his eyes grew brilliant, when she told
> His lady's purpose; and he scarce could brook
> Tears, at the thought of those enchantments cold,
> And Madeline asleep in lap of legends old.

## XVI

> Sudden a thought came like a full-blown rose,
> Flushing his brow, and in his pained heart
> Made purple riot: then doth he propose
> A stratagem, that makes the beldame start:
> "A cruel man and impious thou art:
> "Sweet lady, let her pray, and sleep, and dream
> "Alone with her good angels, far apart
> "From wicked men like thee. Go, go! — I deem
> "Thou canst not surely be the same that thou didst seem.

## XVII

> "I will not harm her, by all saints I swear,"
> Quoth Porphyro: "O may I ne'er find grace
> "When my weak voice shall whisper its last prayer,
> "If one of her soft ringlets I displace,
> "Or look with ruffian passion in her face:
> "Good Angela, believe me by these tears;
> "Or I will, even in a moment's space,
> "Awake, with horrid shout, my foemen's ears,
> "And beard them, though they be more fang'd than wolves
>    and bears."

Logo, os olhos dele brilham, quando lhe revela
As intenções de sua amada; e ele não contém
As lágrimas, ao pensar nos frios encantamentos,
Em Madeline dormindo no colo das velhas lendas.

## XVI

Ocorreu-lhe um pensamento qual rosa em flor,
Rubescendo sua fronte, e no dolente coração
Houve lauta festa. Então engendrou
Um estratagema, que fez recuar a anciã.
"És um homem cruel e impiedoso.
A doce dama, deixe-a rezar, dormir e sonhar
A sós com seus anjos, longe
De homens pérfidos como tu. Vai, vai! — penso
Não podes ser o mesmo que semelhavas."

## XVII

"Não farei mal a ela, juro por todos os santos",
Disse Porfírio: "Não deixes alcançar a graça
Quando minha voz murmurar a derradeira prece,
Se tocar um só fio de seu cabelo,
Ou olhar com vulgar mirada sua face.
Cara Angela, por minhas lágrimas, creia-me;
Ou mesmo no lapso de um instante
Despertarei, com terrível grito, meus inimigos,
Mesmo sanguinários qual lobos, os enfrentarei."

## XVIII

"Ah! why wilt thou affright a feeble soul?
"A poor, weak, palsy-stricken, churchyard thing,
"Whose passing-bell may ere the midnight toll;
"Whose prayers for thee, each morn and evening,
"Were never miss'd." — Thus plaining, doth she bring
A gentler speech from burning Porphyro;
So woful, and of such deep sorrowing,
That Angela gives promise she will do
Whatever he shall wish, betide her weal or woe.

## XIX

Which was, to lead him, in close secrecy,
Even to Madeline's chamber, and there hide
Him in a closet, of such privacy
That he might see her beauty unespied,
And win perhaps that night a peerless bride,
While legion'd fairies pac'd the coverlet,
And pale enchantment held her sleepy-eyed.
Never on such a night have lovers met,
Since Merlin paid his Demon all the monstrous debt.

## XX

"It shall be as thou wishest," said the Dame:
"All cates and dainties shall be stored there
"Quickly on this feast-night: by the tambour frame
"Her own lute thou wilt see: no time to spare,
"For I am slow and feeble, and scarce dare

XVIII

"Ah! Por que assustas minha fraca alma?
Coisa pobre, débil e pronta ao túmulo,
Cujo sino da morte poderá tocar até a meia-noite;
Cujas preces a cada manhã e noite,
Jamais faltaram". Resmungando, ela consegue
Abrandar a voz do exaltado Porfírio;
Tão repleto de pesar e dor profunda,
Que Angela resolve aquiescer a sua vontade
Qualquer que fosse o resultado, bom ou ruim.


XIX

E isto para conduzi-lo, secretamente,
À câmara de Madeline, e ali o esconder
Num armário, onde incólume
Espreitaria a donzela sem ser visto,
Ganhando naquela noite uma noiva ímpar,
Enquanto legiões de fadas cruzavam os lençóis,
E o tênue sortilégio a mantinha adormecida.
Jamais amantes haviam se encontrado em tal noite,
Desde que Merlin pagara a seu Demônio.


XX

"Será como quiseres", clamou a Anciã.
"Todos os doces e quitutes estarão lá,
Nesta noite de gala. Ao lado do bastidor
Verás o próprio alaúde. Não há tempo a perder,
Pois sou lenta, fraca e dificilmente ouso

"On such a catering trust my dizzy head.
"Wait here, my child, with patience; kneel in prayer
"The while: Ah! thou must needs the lady wed,
"Or may I never leave my grave among the dead."


XXI

So saying, she hobbled off with busy fear.
The lover's endless minutes slowly pass'd;
The dame return'd, and whisper'd in his ear
To follow her; with aged eyes aghast
From fright of dim espial. Safe at last,
Through many a dusky gallery, they gain
The maiden's chamber, silken, hush'd, and chaste;
Where Porphyro took covert, pleas'd amain.
His poor guide hurried back with agues in her brain.


XXII

Her falt'ring hand upon the balustrade,
Old Angela was feeling for the stair,
When Madeline, St. Agnes' charmed maid,
Rose, like a mission'd spirit, unaware:
With silver taper's light, and pious care,
She turn'd, and down the aged gossip led
To a safe level matting. Now prepare,
Young Porphyro, for gazing on that bed;
She comes, she comes again, like ring-dove fray'd and fled.

Confiar tal tarefa a minha cabeça tonta.
Aguarda, meu filho, paciente, ajoelha-te e reza
Por um momento: Ah! Deves casar-te com a donzela,
Se não jamais deixarei o túmulo entre os mortos."


## XXI

Assim falando, ela trôpega retirou-se.
Os infindos minutos do amante fluíram lentos;
Ao retornar, a velha sussurrou a seu ouvido,
Segue-me; com os velhos olhos pasmos
E temerosos de serem vistos. Eles enfim seguros,
Após cruzar sombrias galerias, alcançaram
A câmara da donzela, sedosa, silente e casta;
Onde Porfírio mui feliz se esconde.
Sua guia trêmula retorna.


## XXII

Com a mão trêmula sobre o balaústre,
A velha Angela tateia procurando a escada,
Quando Madeline, donzela encantada de Sta. Agnes,
Alheia, ergue-se qual espírito em missão.
À luz do círio argênteo, e com piedoso esmero,
Volve-se, e para baixo é levada pela anciã
A um tapete estendido. Agora prepara-se,
Jovem Porfírio, para que a entrevejas na cama;
Ela chega, chega como furtivo pombo correio.

## XXIII

*Out went the taper as she hurried in;*
*Its little smoke, in pallid moonshine, died:*
*She clos'd the door, she panted, all akin*
*To spirits of the air, and visions wide:*
*No uttered syllable, or, woe betide!*
*But to her heart, her heart was voluble,*
*Paining with eloquence her balmy side;*
*As though a tongueless nightingale should swell*
*Her throat in vain, and die, heart-stifled, in her dell.*

## XXIV

*A casement high and triple-arch'd there was,*
*All garlanded with carven imag'ries*
*Of fruits, and flowers, and bunches of knot-grass,*
*And diamonded with panes of quaint device,*
*Innumerable of stains and splendid dyes,*
*As are the tiger-moth's deep-damask'd wings;*
*And in the midst, 'mong thousand heraldries,*
*And twilight saints, and dim emblazonings,*
*A shielded scutcheon blush'd with blood of queens and kings.*

## XXV

*Full on this casement shone the wintry moon,*
*And threw warm gules on Madeline's fair breast,*
*As down she knelt for heaven's grace and boon;*
*Rose-bloom fell on her hands, together prest,*
*And on her silver cross soft amethyst,*

## XXIII

Ao entrar o círio apagou-se;
A débil fumaça esvaiu-se ao tênue luar.
Ela cerrou a porta, e arfava, em uníssono
Ao espíritos do ar, e às grandes visões.
Não pronunciava palavra, ai dela!
Mas seu coração, seu coração era volúvel,
Ferindo com sua lábia oa lado emotivo;
Qual rouxinol que sem língua forçasse em vão
A garganta, e do coração morresse exausto.

## XXIV

A janela esguia de três arcos,
Com guirlandas e imagens incrustadas
De frutas, flores e touças de relva,
E vitrais como diamantes ornados,
Incontáveis tintas em matizes esplêndidos,
Asas adamascadas das mariposas pintadas;
Através de mil heráldicas,
Santos crepusculares e escuros brasões,
Um escudo rubesceu ao sangue de reis e rainhas.

## XXV

O luar de inverno cintilava nos vitrais,
Espargindo raios rubros ao peito de Madeline,
Enquanto de joelhos clamava a dádiva dos céus;
Botões de rosa caíam em flor às suas mãos postas,
E suave ametista incrustou-se à sua cruz,

*And on her hair a glory, like a saint:*
*She seem'd a splendid angel, newly drest,*
*Save wings, for heaven: — Porphyro grew faint:*
*She knelt, so pure a thing, so free from mortal taint.*

XXVI

*Anon his heart revives: her vespers done,*
*Of all its wreathed pearls her hair she frees;*
*Unclasps her warmed jewels one by one;*
*Loosens her fragrant boddice; by degrees*
*Her rich attire creeps rustling to her knees:*
*Half-hidden, like a mermaid in sea-weed,*
*Pensive awhile she dreams awake, and sees,*
*In fancy, fair St. Agnes in her bed,*
*But dares not look behind, or all the charm is fled.*

XXVII

*Soon, trembling in her soft and chilly nest,*
*In sort of wakeful swoon, perplex'd she lay,*
*Until the poppied warmth of sleep oppress'd*
*Her soothed limbs, and soul fatigued away;*
*Flown, like a thought, until the morrow-day;*
*Blissfully haven'd both from joy and pain;*
*Clasp'd like a missal where swart Paynims pray;*
*Blinded alike from sunshine and from rain,*
*As though a rose should shut, and be a bud again.*

Halou-se em seu cabelo a auréola de santa,
Semelhando anjo esplêndido, recém-vestido,
Sem asas, para o céu — Porfírio estremeceu.
Ela ajoelhou-se, coisa tão pura e imaculada.

## XXVI

Reanima-se o coração. Findas as preces,
Ela despoja o cabelo da guirlanda de pérolas;
Retira uma a uma as joias cálidas;
Pouco a pouco deslaça o perfumado corpete;
E a veste farfalhante desliza aos joelhos.
Ela, semioculta qual sereia nas algas,
Pensando acordada divaga, e vislumbra,
Na mente, a bela Sta. Agnes em sua cama,
Sem olhar pra trás, pois quebraria o encanto.

## XXVII

Logo, ela freme em seu nicho suave e gélido,
Desfalecendo e desperta, jazia perplexa,
Até que o sono cálido e opiáceo lhe oprimisse
Os membros letárgicos, e sua alma se esvaísse
Voando, qual pensamento, até o dia seguinte;
Em êxtase, alheia à dor e a alegria;
Abraçada qual missal onde o Pagão prega;
Cego ao sol e a chuva,
Como se a rosa ao botão volvesse.

## XXVIII

    *Stol'n to this paradise, and so entranced,*
    *Porphyro gazed upon her empty dress,*
    *And listen'd to her breathing, if it chanced*
    *To wake into a slumberous tenderness;*
    *Which when he heard, that minute did he bless,*
    *And breath'd himself: then from the closet crept,*
    *Noiseless as fear in a wide wilderness,*
    *And over the hush'd carpet, silent, stept,*
*And 'tween the curtains peep'd, where, lo! — how fast she slept.*

## XXIX

    *Then by the bed-side, where the faded moon*
    *Made a dim, silver twilight, soft he set*
    *A table, and, half anguish'd, threw thereon*
    *A cloth of woven crimson, gold, and jet: —*
    *O for some drowsy Morphean amulet!*
    *The boisterous, midnight, festive clarion,*
    *The kettle-drum, and far-heard clarionet,*
    *Affray his ears, though but in dying tone: —*
*The hall door shuts again, and all the noise is gone.*

## XXX

    *And still she slept an azure-lidded sleep,*
    *In blanched linen, smooth, and lavender'd,*
    *While he from forth the closet brought a heap*
    *Of candied apple, quince, and plum, and gourd;*
    *With jellies soother than the creamy curd,*

## XXVIII

    Oculto neste paraíso, e tão encantado,
    Porfírio mirava o vestido vazio,
    Ouvia seu alento, como se ela por acaso
    Acordasse numa ternura onírica;
    Ao escutá-la, louvou aquele instante,
    E suspirou. Então sorrateiro saiu,
    Sem rumor, como o medo na hostil paisagem,
    E pelo tapete incólume passou silente espreitando
Pelas rendas — Ah! Quão profundo ela dormia.

## XXIX

    Ali, ao lado da cama, onde a lua tênue
    Gázea argêntea crepusculava, pôs
    Suave uma mesa e, ansioso, sobre ela estendeu
    Um tecido carmesim, dourado e negro.
    Ah, se tivesse um talismã de Morfeu!
    O estridente clarim da festa da meia-noite,
    O tímpano e o clarinete distante,
    Ferem-lhe o seu ouvido, embora com o som esmaecendo.
A porta do vestíbulo cerrou todo ruído.

## XXX

    Ela ainda imersa num sono de pálpebras azuis,
    Nos alvos lençóis suaves alavandados,
    Quando ele do armário retira fartos punhados
    De maçã cristalizada, marmelo, ameixa e cabaças;
    Com doces mais tenros que o creme,

*And lucent syrops, tinct with cinnamon;*
*Manna and dates, in argosy transferr'd*
*From Fez; and spiced dainties, every one,*
*From silken Samarcand to cedar'd Lebanon.*


*XXXI*

*These delicates he heap'd with glowing hand*
*On golden dishes and in baskets bright*
*Of wreathed silver: sumptuous they stand*
*In the retired quiet of the night,*
*Filling the chilly room with perfume light. —*
*"And now, my love, my seraph fair, awake!*
*"Thou art my heaven, and I thine eremite:*
*"Open thine eyes, for meek St. Agnes' sake,*
*"Or I shall drowse beside thee, so my soul doth ache."*


*XXXII*

*Thus whispering, his warm, unnerved arm*
*Sank in her pillow. Shaded was her dream*
*By the dusk curtains: — 'twas a midnight charm*
*Impossible to melt as iced stream:*
*The lustrous salvers in the moonlight gleam;*
*Broad golden fringe upon the carpet lies:*
*It seem'd he never, never could redeem*
*From such a stedfast spell his lady's eyes;*
*So mus'd awhile, entoil'd in woofed phantasies.*

E xaropes reluzentes, tintos de canela;
Maná e tâmaras, vindos dos galeões
De Fez, e especiarias, todas elas,
Da sedosa Samarcand e do Líbano de cedro.

## XXXI

Essas delícias amontoou com a mão brilhando
Em pratos dourados e cestas iridescentes
De prata entrelaçada; suntuosa se dispõem
No retiro tranquilo da noite,
Espargindo na fria sala o aroma luminoso. —
"Agora, meu amor, meu anjo seráfico, desperta!
És meu paraíso, e eu teu eremita.
Abre os olhos, por Sta. Agnes, ou adormecerei
A teu lado, de tanto que me doerá a alma."

## XXXII

Sussurrando, o braço firme e cálido
Toca seu travesseiro. O sonho dela estava
Velado pelas cortinas escuras. Magia noturna
Impossível de dissolver qual rio em gelo.
Salvas lustrosas reluzem ao luar;
Franjas douradas alongam-se sobre os tapetes.
Como se ele jamais pudesse desenredar
De tão prolongado encanto os olhos dela;
Então pensativo, embrenhou-se em fantasias.

## XXXIII

 *Awakening up, he took her hollow lute, —*
 *Tumultuous, — and, in chords that tenderest be,*
 *He play'd an ancient ditty, long since mute,*
 *In Provence call'd, "La belle dame sans mercy:"*
 *Close to her ear touching the melody; —*
 *Wherewith disturb'd, she utter'd a soft moan:*
 *He ceased — she panted quick — and suddenly*
 *Her blue affrayed eyes wide open shone:*
*Upon his knees he sank, pale as smooth-sculptured stone.*

## XXXIV

 *Her eyes were open, but she still beheld,*
 *Now wide awake, the vision of her sleep:*
 *There was a painful change, that nigh expell'd*
 *The blisses of her dream so pure and deep*
 *At which fair Madeline began to weep,*
 *And moan forth witless words with many a sigh;*
 *While still her gaze on Porphyro would keep;*
 *Who knelt, with joined hands and piteous eye,*
*Fearing to move or speak, she look'd so dreamingly.*

## XXXV

 *"Ah, Porphyro!" said she, "but even now*
 *"Thy voice was at sweet tremble in mine ear,*
 *"Made tuneable with every sweetest vow;*
 *"And those sad eyes were spiritual and clear:*
 *"How chang'd thou art! how pallid, chill, and drear!*

XXXIII

Ela acordando, ele pegou o alaúde,
Vibrante, e nas cordas mais ternas,
Tocou a balada, que há muito não se escutava,
Chamada em Provença "La belle dame sans mercy".
Seu ouvido, tangia a suave melodia;
Quando inquieta, ela leve suspirou.
Ele parou — ela arfava — e de repente
Seus olhos azuis luzentes se abriram.
Ele ajoelhou-se, lívido qual pedra esculpida.

XXXIV

Seus olhos abriram-se, mas ela entrevia,
Já de todo desperta, a visão de seu sono.
Fora dolorosa a transformação, que quase expelia
Os êxtases de seu sonho tão puro e profundo
No qual Madeline começou a chorar,
Gemendo palavras sem sentido entre suspiros;
Enquanto firmemente fitava Porfírio;
Ajoelhado, as mãos postas e olhar piedoso,
Temendo mover-se ou falar — ela parecia devanear.

XXXV

"Ah, Porfírio!" disse ela, "mas há pouco
Tua voz suave fremia a meu ouvido,
Qual melodia a cada doce promessa;
Esses olhos tristes eram sacros e claros.
Mudaste muito! Estás pálido, frio e soturno!

"Give me that voice again, my Porphyro,
"Those looks immortal, those complainings dear!
"Oh leave me not in this eternal woe,
"For if thou diest, my Love, I know not where to go."


XXXVI

Beyond a mortal man impassion'd far
At these voluptuous accents, he arose,
Ethereal, flush'd, and like a throbbing star
Seen mid the sapphire heaven's deep repose;
Into her dream he melted, as the rose
Blendeth its odour with the violet, —
Solution sweet: meantime the frost-wind blows
Like Love's alarum pattering the sharp sleet
Against the window-panes; St. Agnes' moon hath set.


XXXVII

'Tis dark: quick pattereth the flaw-blown sleet:
"This is no dream, my bride, my Madeline!"
'Tis dark: the iced gusts still rave and beat:
"No dream, alas! alas! and woe is mine!
"Porphyro will leave me here to fade and pine. —
"Cruel! what traitor could thee hither bring?
"I curse not, for my heart is lost in thine,
"Though thou forsakest a deceived thing; —
"A dove forlorn and lost with sick unpruned wing."

Dê-me de novo aquela voz, meu Porfírio,
Aquela face imortal, aqueles caros lamentos!
Oh, não me deixes nesta eterna desilusão,
Se morreres, meu amor, não saberei onde ir".

XXXVI

Ergue-se, ouvindo estas palavras de volúpia
Além de homem mortal tão apaixonado,
Rubro, etéreo, qual pulsante estrela vista
Entre a paz profunda da celestial safira;
Em sonho dissolveu-se, qual rosa
Que mescla à violeta seu sutil perfume, —
Doce união. Enquanto o vento gélido sopra
Qual alarme do amor arrojando aos vitrais
O frio granizo, se pôs a lua de Sta. Agnes.

XXXVII

Está escuro; cai veloz o granizo da borrasca.
"Não é um sonho, minha esposa, minha Madeline!"
Está escuro; deliram as bruscas e frias rajadas.
"Nenhum sonho, ai de mim! É minha desgraça!
Porfírio me deixará aqui a definhar.
Cruel! Que traidor poderia aqui trazer-te?
Não te amaldiçoo, meu coração está por ti perdido,
Embora esqueças algo iludido; —
Uma pomba abandonada de asa ferida."

## XXXVIII

*"My Madeline! sweet dreamer! lovely bride!*
*"Say, may I be for aye thy vassal blest?*
*"Thy beauty's shield, heart-shap'd and vermeil dyed?*
*"Ah, silver shrine, here will I take my rest*
*"After so many hours of toil and quest,*
*"A famish'd pilgrim, — saved by miracle.*
*"Though I have found, I will not rob thy nest*
*"Saving of thy sweet self; if thou think'st well*
*"To trust, fair Madeline, to no rude infidel."*


## XXXIX

*'Hark! 'tis an elfin-storm from faery land,*
*"Of haggard seeming, but a boon indeed:*
*"Arise — arise! the morning is at hand; —*
*"The bloated wassailers will never heed: —*
*"Let us away, my love, with happy speed;*
*"There are no ears to hear, or eyes to see, —*
*"Drown'd all in Rhenish and the sleepy mead:*
*"Awake! arise! my love, and fearless be,*
*"For o'er the southern moors I have a home for thee."*


## XL

*She hurried at his words, beset with fears,*
*For there were sleeping dragons all around,*
*At glaring watch, perhaps, with ready spears —*
*Down the wide stairs a darkling way they found. —*
*In all the house was heard no human sound.*

## XXXVIII

"Minha Madeline! Doce sonhadora! Bela esposa!
Dize, poderia para sempre ser teu abençoado vassalo?
Teu escudo em forma de coração, tinto em rubro?
Ah, santuário prateado, aqui repousarei
Após tantas horas de batalha e busca,
Um faminto peregrino — salvo por um milagre.
Embora tenha encontrado, não levarei de teu ninho
Nada que não sejas tu; pensas que podes
Confiar, bela Madeline, em algum rude infiel?"

## XXXIX

"Escuta! É a tormenta dos elfos da terra encantada,
Parece terrível, mas é de fato uma dádiva,
Levanta — Levanta! Chegou a manhã; —
Os beberrões jamais perceberão.
Vamos, meu amor, com alegre impulso;
Não há ouvidos a escutar, nem olhos para ver, —
Todos afogados no hidromel e no vinho de Reno.
Acorda! Levanta! Meu amor; não tenhas medo,
Além dos campos do sul tenho uma casa para ti."

## XL

Ela apressou-se nas palavras, cheia de temor,
Pois havia dragões dormindo a sua volta,
Vigiando, com armas em guarda —
No escuro embrenharam-se pela escada.
Em toda a mansão não se ouvia ruído humano.

*A chain-droop'd lamp was flickering by each door;*
*The arras, rich with horseman, hawk, and hound,*
*Flutter'd in the besieging wind's uproar;*
*And the long carpets rose along the gusty floor.*


XLI

*They glide, like phantoms, into the wide hall;*
*Like phantoms, to the iron porch, they glide;*
*Where lay the Porter, in uneasy sprawl,*
*With a huge empty flaggon by his side;*
*The wakeful bloodhound rose, and shook his hide,*
*But his sagacious eye an inmate owns:*
*By one, and one, the bolts full easy slide: —*
*The chains lie silent on the footworn stones; —*
*The key turns, and the door upon its hinges groan.*


XLII

*And they are gone: ay, ages long ago*
*These lovers fled away into the storm.*
*That night the Baron dreamt of many a woe,*
*And all his warrior-guests, with shade and form*
*Of witch, and demon, and large coffin-worm,*
*Were long be-nightmar'd. Angela the old*
*Died palsy-twitch'd, with meagre face deform;*
*The Beadsman, after thousand aves told,*
*For aye unsought for slept among his ashes cold.*

Uma lanterna cintilava em cada porta;
A tapeçaria, ornada com caçador, falcão e cão,
Tremulava ao lufar do vento que rajava;
E os longos tapetes se erguiam à ventania.

XLI

Deslizaram, qual fantasmas, pelo átrio;
Como fantasmas, flanaram ao portal de ferro;
Onde se recostava o porteiro, caído
Com uma enorme garrafa a seu lado.
O cão de caça ergueu-se, tremendo o corpo,
Mas a reclusa era dona de seu olhar.
Um por um, se abriram os ferrolhos;
Silenciaram-se os grilhões nas pedras gastas;
A chave girou, e o portal gemeu nos mancais.

XLII

Partiram. Sim, e há muito
Esses amantes escaparam na tormenta.
Naquela noite, o Barão sonhou desgraças,
Como seus convivas, com sombras e espectros
De bruxas, demônios e grandes vermes,
Teriam por longo tempo pesadelos. Angela, anciã,
Morreu de paralisia, com a face disforme;
E o Rezador após mil ave-marias, esquecido,
Dormiu eternamente entre suas gélidas cinzas.

**CADASTRO**
# ILUMI/URAS

Para receber informações sobre nossos lançamentos e promoções, envie e-mail para:

cadastro@iluminuras.com.br

Este livro foi composto em *Garamond* pela *Iluminuras* e terminou de ser impresso nas oficinas da *Meta Brasil Gráfica*, em Cotia, SP, sobre papel off-white 80 gramas.